CANTOLOPERA

VERDI

Arie per Soprano
Arias for Soprano

Riduzione canto–piano
Piano vocal score
CD con basi orchestrali
CD with instrumental
e versioni interpretate
and vocal versions

RICORDI

Vi invitiamo a visitare i siti Internet:

www.ricordi.it - www.ricordi.com
www.cantolopera.com

Progetto grafico di copertina: AXIS communications - Milano (www.axiscom.net)

Casa Ricordi, Milano
© Copyright 2001 by CASA RICORDI - BMG RICORDI S.p.A.
© G7 Music & Co. S.r.l.
Tutti i diritti riservati - All rights reserved
2001 - Printed in Italy

138725
ISMN M-041-38725-3

Un pianoforte verticale: una ragazza vestita di bianco con un gran nastro azzurro alla vita suona, leggendo uno spartito che, forse, vede per la prima volta; a fianco un'altra ragazza, in rosso, osserva e, forse, fra un momento comincerà a cantare: è un interno di fine Ottocento, illuminato dal pennello di Auguste Renoir, il pittore francese che ha dipinto lo stesso soggetto una mezza dozzina di volte.

L'opera, in quegli anni, si consumava anche così. Gli editori si affrettavano a mettere in vendita i brani staccati, soprattutto le arie, le romanze, le cavatine: fascicoli di poche pagine con il "canto e piano", che venivano posti sul leggio del pianoforte di casa, pronti a spericolate letture a prima vista. Tutte le melodie che ci sono ancora familiari, e moltissime altre che ora abbiamo dimenticato, sono entrate in questo modo nelle nostre case di un tempo.

Poi sono nati la radio, il disco: e la musica, e l'opera, hanno trovato un altro percorso per diventarci familiari. Per qualche tempo, la tecnologia è sembrato avesse definitivamente tolto di mezzo la manualità; lo "stereo" ha eliminato il pianoforte verticale, i fascicoli delle arie celebri sono stati sostituiti dai 33 giri e dai CD. Ma non è stata una vittoria definitiva e, già intorno agli anni '60, nell'ambito della musica leggera si sono cominciati a vedere molti e sempre più frequenti segnali di una nuova forma di collaborazione fra tecnologia e manualità: la capillare diffusione del disco stimolava, a livello imitativo, la nascita di tanti piccoli "complessi" casalinghi. La totale passività dell'ascolto e la creatività del fare musica si stavano avvicinando a un proficuo compromesso.

Da tutto questo l'opera è rimasta finora esclusa; ma se è vero che lo spettacolo teatrale in musica sta avendo una ripresa di interesse che riguarda anche e soprattutto le giovani generazioni, possiamo pensare di essere alla vigilia di una piccola rivoluzione. Ed ecco nuovamente, davanti ai nostri occhi, l'interno di una casa, dove il pianoforte non è stato "sloggiato" dallo stereo, ma semplicemente sostituito da esso. Uno stereo che, come il verticale di un tempo, ci aiuta a fare musica, con l'assistenza della tecnologia alla quale oggi non è possibile rinunciare.

Le arie celebri possono ora tornare nelle nostre case, ancora una volta nella forma tradizionale dello spartito "canto e piano", ma con quegli ulteriori supporti che ci vengono offerti dalla tecnologia. Il CD ci permette di ascoltare le medesime arie dello spartito in una esecuzione che potremmo chiamare "di riferimento", offrendoci una visione adeguata del brano; ma il CD ci offre anche altro, e cioè la base orchestrale per cantare. Allora, se siamo dei semplici appassionati, possiamo divertirci ad ascoltare un'esecuzione professionale del brano che ci interessa e poi provare a cantarlo noi stessi, accompagnati da un'orchestra invisibile che giunge dal nostro stereo. Se siamo forniti di maggiori conoscenze musicali o addirittura se siamo avviati alla professione, possiamo leggere lo spartito; possiamo farci accompagnare da qualcuno capace di suonare il pianoforte; e alla fine possiamo verificare la nostra preparazione di cantanti appoggiando la nostra voce sopra una vera orchestra, un'esperienza che è molto difficile realizzare in altro modo.

Insomma, tutti coloro che nel potere crescente della tecnologia hanno temuto un nemico implacabile della manualità, sono invitati a ricredersi.

Eduardo Rescigno

An upright piano; a girl dressed in white with a large blue ribbon around her waist plays, reading a score for, maybe, the very first time; next to her is another girl, in red, watching her and perhaps she'll start singing in a moment or two: an interior from the late 1800s, from the brush of Auguste Renoir, the French painter who painted the same scene half a dozen times.

Opera in those years was also consumed in this way. Publishers rushed to sell individual pieces, especially arias, romanzas and airs: leaflets with just a few pages for "voice and piano" that were placed on the piano's music rack, ready for reckless reading and playing at first-sight. All the melodies that are still familiar to us today, and masses of others that have since been forgotten, entered our homes of the day in this fashion.

Then along came the radio and the gramophone record, and music - and opera - followed a different path to become known to us. For a certain period, it seemed that the technology had definitely removed all traces of hands-on experience; the "stereo" eliminated the upright piano, the collections of the most famous arias were replaced by LPs and CDs. But it wasn't a final victory and already, in the '60s or thereabouts, we began to detect many, increasingly frequent signs of a new form of collaboration between technology and manual input in the field of popular music: the widespread diffusion of the record stimulated through imitation the birth of many small amateur "bands". The complete passiveness of listening and the creativity of making music began to grow closer to reach a mutually beneficial compromise.

Opera has, however, been excluded from this process until now; but if it's true that musical theatre shows are currently enjoying a resurgence in interest, also and especially with the younger generations, then we can be justified in thinking that we are on the brink of a small revolution. And here, once again, before our very eyes, is the interior of a house, where the piano hasn't been "evicted" by the stereo, but simply substituted by it. A stereo that, like the upright of earlier times, helps us make music, with the aid of the technology that it seems no-one can do without these days.

The "famous arias" can now return to our homes, once again in the traditional form of a score for "voice and piano", but with the additional support offered by CD technology. Indeed, the CD lets us listen to the arias on the sheet in a rendering that we could call a "standard", offering us an overall view of the piece; but the CD offers us even more, i.e., the orchestral base as we sing. Thus, if we're opera freaks, we can enjoy ourselves listening to a professional performance of the piece we're interested in and then try to sing it ourselves, accompanied by an invisible orchestra coming out from the stereo. If, on the other hand, we have a greater knowledge of music, or are even professionals, we can "read" the score, have ourselves accompanied on the piano by a capable friend and even check our professional training as singers by trying out our own voice above a real orchestra, an experience that's extremely hard to achieve otherwise.

To sum up, all those who have viewed the increasing power of technology as an implacable enemy of manual creativity are now kindly invited to think again.

Eduardo Rescigno

INDICE / CONTENTS

NOTE INTRODUTTIVE E TESTI / NOTES AND TRANSLATIONS

1. Ernani! Ernani, involami...
da *Ernani* di Giuseppe Verdi (1813-1901). Libretto di Francesco Maria Piave

Elvira ama Ernani, il bandito, e attende con ansia che egli venga a sottrarla all'«aborrito amplesso» con il vecchio Silva, suo promesso sposo, le cui ricchezze non possono trasformare l'odio in amore.
Elvira loves Ernani, the bandit, and longs for him to carry her away from the «loathsome embrace» of old Silva, her would-be bridegroom, whose riches cannot change hatred to love.

Elvira	Elvira
Ernani!... Ernani, involami	*Ernani!... Ernani, make me fly away*
All'abborrito amplesso.	*From this loathsome embrace.*
Fuggiamo... Se teco vivere	*Let's run away... If I am permitted to live*
Mi sia d'amor concesso,	*A life of love with you,*
Per antri e lande inospiti	*My feet will follow you*
Ti seguirà il mio pie'.	*Through caves and inhospitable places.*
Un Eden di delizia	*A paradise of delights*
Saran quegli antri a me.	*Those caves will be to me.*
(tra sé)	(to herself)
Tutto sprezzo che d'Ernani	*I scorn everything that does not speak*
Non favella a questo core.	*Of Ernani to my heart.*
Non v'ha gemma che in amore	*There is no jewel that can change*
Possa l'odio tramutar.	*Hatred into love.*
Vola, o tempo, e presto reca	*Fly, time, and bring soon*
Di mia fuga il lieto istante!	*The happy moment of my escape!*
Vola, o tempo, al core amante	*Fly, time, for any delay*
È supplizio l'indugiar.	*Is a torture to a loving heart.*

2. Tacea la notte placida
da *Il Trovatore* di Giuseppe Verdi (1813-1901). Libretto di Salvatore Cammarano

Leonora si era innamorata di un misterioso cavaliere incontrato durante un torneo.
Allo scoppio della guerra civile lo aveva perso di vista, ma di recente egli è riapparso per cantarle una serenata nelle vesti di trovatore.
Leonora fell in love with a mysterious knight she met at a tournament. After the outbreak of the civil war she did not see him again, but he has lately reappeared to serenade her as a troubadour.

Leonora	Leonora
Tacea la notte placida	*The peaceful night was silent*
E bella in ciel sereno	*And lovely in the clear sky*
La luna il viso argenteo	*The moon showed its silvery*
Mostrava lieto e pieno;	*Face joyful and full...*
Quando suonar per l'aere,	*When, echoing through the air*
Infino allor sì muto,	*Which till then had been so silent,*
Dolci s'udiro e flebili	*Were heard the sweet and delicate*

Gli accordi di un liuto,	*Sounds of a lute,*
E versi melanconici	*And a troubadour sang*
Un trovator cantò.	*Some melancholy verses.*
Versi di prece ed umile	*They were imploring and humble verses,*
Qual d'uom che prega Iddio;	*Like those of a man praying to God;*
In quella ripeteasi	*In them was repeated*
Un nome... Il nome mio!...	*A name... My own name!*
Corsi al veron sollecita...	*I ran eagerly to the balcony...*
Egli era! Egli era desso!...	*It was he! It was he himself!...*
Gioia provai che agli angeli	*I felt such joy as only*
Solo è provar concesso!...	*Angels are allowed to feel!...*
Al core, al guardo estatico	*To my heart, to my enraptured eyes*
La terra un ciel sembrò.	*Earth seemed a heaven.*
Di tale amor, che dirsi	*With such love, that scarcely*
Mal può dalla parola,	*Can be expressed by words,*
D'amor che intendo io sola,	*With a love I alone can understand,*
Il cor s'inebriò!	*My heart is intoxicated!*
Il mio destino compiersi	*My destiny can be fulfilled*
Non può che a lui dappresso...	*Only at his side...*
S'io non vivrò per esso,	*If I cannot live for him,*
Per esso morirò!	*Then I will die for him!*

3. Caro nome che il mio cor
da *Rigoletto* di Giuseppe Verdi (1813-1901). Libretto di Francesco Maria Piave

Un'estasiata Gilda canta il proprio amore per Gualtier Maldè, il «caro nome» che il Duca di Mantova ha adottato per farle la corte e infine sedurla.
An enraptured Gilda sings her love for Gualtier Maldè, the «dear name» that the Duke of Mantua, hiding his identity, has taken to court and ultimately seduce her.

Gilda	Gilda
Gualtier Maldè!... Nome di lui sì amato,	*Gualtier Maldè... Name of him I love so much,*
Ti scolpisci nel core innamorato!	*You are engraved on my enamoured heart!*
Caro nome che il mio cor	*Dear name that first*
Festi primo palpitar,	*Sent my heart throbbing,*
Le delizie dell'amor	*You shall always remind me of*
Mi dêi sempre rammentar!	*Love's delights!*
Col pensier il mio desir	*My thoughts and my desire*
A te sempre volerà,	*Will fly to you for ever,*
E fin l'ultimo sospir,	*And even my last breath,*
Caro nome, tuo sarà.	*Dear name, will be for you.*

4. Addio, del passato bei sogni ridenti
da *La Traviata* di Giuseppe Verdi (1813-1901). Libretto di Francesco Maria Piave

Violetta legge una lettera in cui Germont le annuncia che Alfredo ha intenzione di tornare da lei. Consapevole di stare morendo di tisi, Violetta dice addio ai «bei sogni ridenti» del passato e implora Dio di avere misericordia di lei.
Violetta reads a letter from Germont, who announces that Alfredo is coming back to her. She is aware she is dying of consumption and, bidding farewell to the «beutiful smiling dreams» of the past, she asks God to have mercy on her.

Violetta	Violetta
Addio, del passato bei sogni ridenti,	*Farewell, beautiful smiling dreams of the past,*
Le rose del volto già sono pallenti.	*The roses of my cheeks are already fading.*
L'amore d'Alfredo perfino mi manca,	*I even lack Alfredo's love,*
Conforto, sostegno dell'anima stanca...	*Comfort and support to my weary soul...*
Ah, della traviata sorridi al desìo,	*Ah, smile upon the wish of a woman who has strayed,*
A lei, deh, perdona, tu accoglila, o Dio!	*Forgive her, receive her, o God!*
Ah! Tutto finì,	*Ah! All is over,*
Or tutto finì!	*Now all is over.*
Le gioie, i dolori tra poco avran fine;	*Joys and sorrows will soon come to an end;*
La tomba ai mortali di tutto è confine!	*The tomb is the final resting-place for mortal man!*
Non lagrima o fiore avrà la mia fossa!	*No flowers or tears will embellish my grave,*
Non croce col nome che copra quest'ossa!	*No cross or name will cover these bones!*
Ah, della traviata sorridi al desìo,	*Ah, smile upon the wish of a woman who has strayed,*
A lei, deh, perdona, tu accoglila, o Dio!	*Forgive her, receive her, o God!*
Ah! Tutto finì,	*Ah! All is over,*
Or tutto finì!	*Now all is over.*

5. D'amor sull'ali rosee
da *Il Trovatore* di Giuseppe Verdi (1813-1901). Libretto di Salvatore Cammarano

Manrico è stato condannato a morte e rinchiuso in prigione. Leonora tenterà di salvarlo e vorrebbe che i propri sospiri volassero «sulle rosee ali dell'amore» a confortare Manrico e a infondergli speranza.
Manrico has been sentenced to death and imprisoned. Leonora will try to save him and would like her sighs to fly «on the rosy wings of love» to comfort Manrico and infuse him with hope.

Leonora	Leonora
Timor di me?... Sicura,	*Fear for me?... Sure and*
Presta è la mia difesa. In quest'oscura	*Swift is my defence. Shrouded in this dark night,*
Notte ravvolta, presso a te son io,	*I am near you,*
E tu nol sai... gemente	*And you do not know it!*
Aura che intorno spiri,	*Wailing wind, which blow all around here,*
Deh, pietosa gli arreca i miei sospiri!	*Be pitiful and take my sighs to him.*
D'amor sull'ali rosee	*On the rosy wings of love*
Vanne, sospir dolente;	*Go, sorrowful sigh;*
Del prigioniero misero	*Comfort the distressed mind*
Conforta l'egra mente...	*Of the wretched prisoner...*

Com'aura di speranza	Flutter in that cell
Aleggia in quella stanza:	Like a breeze of hope:
Lo desta alle memorie,	Awaken in him the memories,
Ai sogni dell'amor!	The dreams of love!
Ma deh! non dirgli, improvvido,	But, for pity's sake, do not tell him, imprudently,
Le pene del mio cor!	The sufferings of my heart!

6. La Vergine degli Angeli

da *La forza del destino* di Giuseppe Verdi (1813-1901). Libretto di Francesco Maria Piave

Il padre di Leonora di Varga è stato ucciso accidentalmente dall'amante di lei e ora Leonora vuole espiare la propria colpa. Presso il monastero della Vergine degli Angeli il Padre Guardiano e i frati pregano la Madonna di proteggere Leonora mentre essa si allontana per condurre una vita d'eremita in una caverna vicina.

Leonora di Varga's father was killed accidentally by her lover and now she wants to expiate her guilt. At the monastery of Our Lady of the Angels the Father Guardian and the friars pray the Virgin to protect Leonora as she departs to lead the life of a hermit in a nearby cave.

I frati	The Friars
La Vergine degli Angeli	*May the Virgin of the Angels*
Vi copra del suo manto,	*Wrap you up in her mantle*
E voi protegga vigile	*And may the holy angel of God*
Di Dio l'angelo santo.	*be watchful and protect you*

Leonora	Leonora
La Vergine degli Angeli	*May the Virgin of the Angels*
Mi copra del suo manto,	*Wrap me up in her mantle*
E me protegga vigile	*And may the holy angel of God*
Di Dio l'angelo santo.	*be watchful and protect me.*

7. Mercè, dilette amiche

da *I Vespri siciliani* di Giuseppe Verdi (1813-1901). Libretto di Eugène Scribe e Charles Duveyrier

Le amiche donano mazzi di fiori alla duchessa Elena che, nell'imminenza delle nozze con Arrigo, augura alla Sicilia un futuro di pace e gloria.

Duchess Elena's lady friends present her with bunches of flowers: she is about to get married to Arrigo and she wishes a peaceful and glorious future to Sicily.

Elena	Elena
Mercè, dilette amiche,	*Thank you, my beloved friends,*
Di quei leggiadri fior;	*For those lovely flowers;*
Il caro dono è immagine	*The dear gift is the image*
Del vostro bel candor!	*Of your fair innocence!*
Oh! Fortunato il vincol	*Oh! Lucky will be the bond*
Che mi prepara amore,	*That love prepares for me,*
Se voi recate pronube	*If you bring to my heart*
Voti felici al core!	*Happy wishes for a joyful marriage!*
Mercè del don, ah, sì!	*Thank you for the gift, ah, yes!*

O caro sogno, o dolce ebbrezza!	*O dear dream, o sweet intoxication!*
D'ignoto amor mi balza il cor!	*My heart throbs with unknown love!*
Celeste un'aura già respiro,	*I already breath a heavenly air,*
Che tutti i sensi inebbriò.	*Which has intoxicated all my senses.*

O piagge di Sicilia,
Risplenda un dì seren;
Assai vendette orribili
Ti laceraro il sen!
Di speme colma e immemore
Di quanto il cor soffrì,
Il giorno del mio giubilo
Sia di tue glorie il dì.
Gradisco il don
di questi fior, ah, sì!

O shores of Sicily,
May a serene day shine;
Many horrible vengeances
Have rent your bosom!
Filled with hope and forgetful
Of what your heart suffered,
May the day of my rejoicing
Be the day of your glory.
I welcome the gift
Of these flowers, ah, yes!

O caro sogno, o dolce ebbrezza!
D'ignoto amor mi balza il cor!
Celeste un'aura già respiro,
Che tutti i sensi inebbriò.

O dear dream, o sweet intoxication!
My heart throbs with unknown love!
I already breath a heavenly air,
Which has intoxicated all my senses.

8. Morrò, ma prima in grazia

da *Un ballo in maschera* di Giuseppe Verdi (1813-1901). Libretto di Antonio Somma

Renato è convinto che la moglie gli sia infedele e ha deciso che essa debba morire in espiazione della sua colpa. Amelia, per quanto innocente, si rassegna alla volontà dell'inflessibile marito e gli chiede un ultimo favore.
Renato believes his wife unfaithful and has decided she must die in expiation for her fault. Amelia, though innocent, resign herself to her unyielding husband's will and begs for one last favour of him.

Amelia
Morrò, ma prima in grazia,
Deh! mi consenti almeno
L'unico figlio mio
Avvincere al mio seno.
E se alla moglie nieghi
Quest'ultimo favor,
Non rifiutarlo ai prieghi
Del mio materno cor.
Morrò, ma queste viscere
Consolino i suoi baci,
Or che l'estrema è giunta
Dell'ore mie fugaci.
Spenta per man del padre,
La man ei stenderà
Sugli occhi d'una madre
Che mai più non vedrà!

Amelia
I shall die, but first, please,
For pity's sake! At least allow me
To hold close to my heart
My only son.
And if you deny the wife
This last favour,
Do not refuse the entreaties
Of a mother's heart.
I shall die, but let his kisses
Comfort this heart,
Now that the last
Of my fleeting hours has come.
Put to death by his father's hand,
He will stretch his hand
And close the eyes of a mother
He will never see again!

Ernani, atto I, Scena e Cavatina di Elvira
"Surta è la notte"
"Ernani! Ernani, involami"

2

Sil_ _va non ri_tor_na! Ah! non tornasse ei più!... Questo o_diato ve_glio, che quale immon_do spet_ _tro ognor m'in_se_gue, col fa_vel_ _lar, col fa_vellar d'a_mo_ _re, più sem_pre Er_ _na_ni mi con_fig_ _ge in co_ re.

Andantino

Er_na_ni! Er_nà_ni,in_vo_lami al_ _l'abborri_to am_

138725

4

138725

6

tem - po, e pre - sto re - ca di mia fu - ga il lie - to i-

-stan - te; vo - la, o tem - po, al co - re a - man - te è sup-

-pli - zic l'in - du - giar, vo - la, o tem - po, al co - re a-

-man - te è sup - pli - zio l'in - du - giar, ah! vo - la, o

138725

tem _ po, al co _ re a _ man _ te __ è __ sup _ pli _ zio __ l'in _ du _

_ giar

8

(Tut_to__ sprez_zo__ che d'Er_na_ni non fa_vella a_que_sto__

co_re, non v'ha__ gem_ma che in a_mo_re pos_sa__ l'o_dio tra_mu

_tar. Ah! Vo_la,o tem_po,e pre_sto re_ca di mia fu_ga_il lie_to i

_stan_te, vo_la,o tem_po,_al__co_re a_man_te è_sup

_pli_zio____ l'in_du_giar, vo_la,o tem_po,al__co_re a_

Il Trovatore, parte I, Cavatina di Leonora
"Tacea la notte placida"

Per le varianti di questa Cavatina, vedere: RICCI - VARIAZIONI, CADENZE, TRADIZIONI, Vol.I., pagg. 84-85 (*Edizioni RICORDI*, E.R.1903).

12

14

15

138725

16

18

Rigoletto, atto I, Scena e Aria di Gilda
"Gualtier Maldè!..."
"Caro nome che il mio cor"

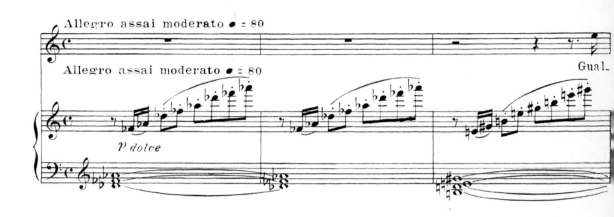

Per le varianti di quest'Aria, vedere: RICCI - VARIAZIONI, CADENZE, TRADIZIONI, Vol. I., pagg. 69 e 70 *(Edizioni RICORDI,* E.R. 1903).

138725

sem_pre ram_men_tar! Col pen_sier il mio de_sir a te

sempre___vo_le___rà, e fin l'ul___ti_mo so_spir, ca_ro

no___me, tuo___sa___rà. Col pen_

_sier il mio de_sir a te sempre vole___rà,_____ e fin

22

fin l'ul_ti_mo so_spir, ca _ _ _ _ _ _ ro no _ me, tuo sa_

_rà, ca _ _ _ _ _ _ ro no_me, tuo sa_rà, il mio de_

_sir a te o_gno _ ra vo _ le _ rà, fin l'ul_ti_mo so_spi_ro

tuo_____ sa _ _ _ _ _ _ _ rà.

138725

23

138725

24

La Traviata, atto III, Scena e Aria di Violetta
"È tardi!..."
"Addio, del passato bei sogni ridenti"

26

138725

non ___ cro_ce, non ___ fior, ah! Del_la ___ tra _

_viata sor _ ri_di al de _ sì _ o; a le _ i, deh, per _ do _ na, tu ac_

_co _ glila, o Di_o! Ah! ___ tut _to, ___ tut _to_ fi _

_nì, or ___ tut _ to, tut _ to fi _ nì! ___

Il Trovatore, parte IV, Scena e Aria di Leonora
"Timor di me?"
"D'amor sull'ali rosee"

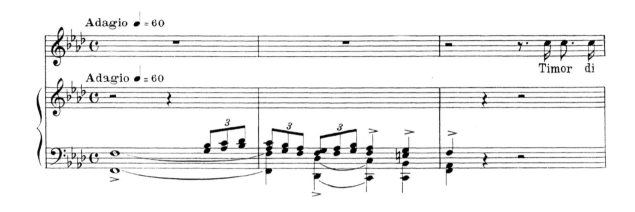

31

138725

32

138725

La forza del destino, atto II Finale II
"La Vergine degli Angeli"

34

36

138725

38

I Vespri siciliani, atto V, Bolero di Elena
"Mercè, dilette amiche"

40

ca_ro sogno, o dolce eb_brez _ za! d'i_gnoto amor mi balza il cor! _____ Ce _

_leste un'au_ra già re_spi _ ro, che tut_ti i sensi i_nebbri_ o, _ i_o già re_

_spi _ ro, che tutti i sen _ si i_nebbri _ ò, _____

i _ neb _ _ bri _ ò!

Oh __ piag _ ge di Si _ ci _ li _ a, _____ ri _ splen _ da un di se _

_ ren; as _ sai __ ven _ dette or _ ri _ bi _ li _____ ti _ la _ ce _ ra _ ro il

sen!____ Di spe _ me colma e imme _ mo _ re di quan _ to il cor sof _

frì, ____ il gior _ no del mio giu _ bi _ lo _ sia _ di tue glorie il

dì. ____ Gra _ disco il don di _ que _ sti

fior, ah sì, _____ ah sì! _____ O

44

138725

Un ballo in maschera, atto III, Aria di Amelia
"Morrò, ma prima in grazia"

46

non ri_fiutar_lo ai prie _ ghi, ai prie_ghi_del_mio ma_terno cor. Mor.

_rò, ma que_ste_ vi _ scere con_so_li_noi suoi _ ba _ ci,

or che l'estre_ma è giun _ ta del _ l'o_re mi_ e fu_ga_ _ ci...

Spen_ta per man del pa _ dre, la man ei sten_de _ rà sugli occhi d'una

138725

madre, sugli occhi d'u_na madre che mai più... non ve_drà, che mai più, mai più, che mai più non ve-

_drà, che mai più,___ mai più___ non ve-

_drà, che mai più,___ mai più, che mai più vedrà,

ah!_____ mai più ve_drà!

Compagnia d'Opera Italiana (C.O.I.)

Orchestra e Coro della Compagnia d'Opera Italiana nascono appositamente per la realizzazione del progetto discografico/editoriale CANTOLOPERA. Sono entrambe formazioni di professionisti con al loro attivo vaste e differenti esperienze nel campo della musica lirica, cameristica e sinfonica. La formazione orchestrale svolge da diciotto anni una continua attività concertistica in Italia e all'estero, attività che l'ha portata a collaborare con solisti quali Alirio Diaz, Severino Gazzelloni, Joerg Demus, Giuseppe Valdengo, Sviatoslav Richter, Bruno Canino e con complessi quali l'Orchestra Italiana della RAI, l'Orchestra del Teatro Regio di Torino, l'Orchestra di Radio Francoforte, l'Orchestra Filarmonica di Leningrado e l'Orchestra del Teatro San Carlo di Napoli. La formazione corale ha al suo attivo un'attività pluridecennale nel campo della musica operistica. La Compagnia vanta inoltre un completo cast di trenta cantanti solisti con consolidate esperienze di palcoscenico.

The orchestra and chorus of the Compagnia d'Opera Italiana were specifically set up for the CANTOLOPERA recording/publishing project. Both are groups of professionals that can draw on vast and wide-ranging experience in the field of lyrical, symphonic and chamber music. The orchestra members have been regularly engaged to perform concerts in Italy and abroad over the past 18 years, playing alongside soloists such as Alirio Diaz, Severino Gazzelloni, Joerg Demus, Giuseppe Valdengo, Sviatoslav Richter and Bruno Canino, as well as ensembles such as the RAI Orchestra Italiana, the Turin Regio Theatre Orchestra, the Frankfurt Radio Orchestra, the Leningrad Philharmonic Orchestra and the Naples San Carlo Theatre Orchestra. The chorus members, on the other hand, have several decades' experience in the field of opera music. The Compagnia d'Opera Italiana can also boast a full cast of thirty solo singers with consolidated theatre experience.

Antonello Gotta

Nato a Torino, ha compiuto gli studi di pianoforte, composizione, musica corale e direzione di coro presso il Conservatorio della sua città. Si è esibito in Italia e all'estero sia come pianista che come direttore d'orchestra (in campo cameristico, lirico-sinfonico e operistico). Per quindici anni ha ricoperto la carica di Direttore Stabile dell'Orchestra da camera d'Ivrea con la quale ha accompagnato solisti quali Diaz, Gazzelloni, Canino, Maggio Ormezowsky, Demus e partecipato a importanti rassegne internazionali. Ha inciso per la Fonit Cetra, la Phoenix e la VMC Classics americana ed ha al suo attivo numerose registrazioni sia televisive che radiofoniche. Direttore Artistico della Compagnia d'Opera Italiana e della G7 Music & Co. di Torino, ha recentemente realizzato con essa il progetto CANTOLOPERA.

Born in Turin, he studied piano, composition, choral music and chorus conducting at the Turin Conservatorio. He has performed in Italy and abroad both as a pianist and orchestra conductor (for chamber, lyric/symphonic and opera music). He has been the Resident Conductor of the Ivrea chamber orchestra for some fifteen years, during which time he has accompanied soloists such as Diaz, Gazzelloni, Canino, Maggio Ormezowsky and Demus, and has also taken part in important international meetings. He has recorded with Fonit Cetra, Phoenix and VMC Classics of America and has also participated in many TV and radio recordings. The Artistic Director of the Compagnia d'Opera Italiana and G7 Music & Co. of Turin, he has recently been involved in the CANTOLOPERA project.

Antonia Cifrone

Ha studiato con il soprano C. Herrera, diplomandosi al Conservatorio di Matera. Si è poi perfezionata con Renata Tebaldi e con Elio Battaglia. Ha partecipato a spettacoli teatrali in collaborazione con la RAI e ha tenuto recitals. Finalista in vari concorsi internazionali, ha vinto il Concorso "Festival Verdiano" indetto dal Teatro Regio di Parma, cantando *Alzira* di Verdi (Parma, Fidenza). Ha interpretato *Hänsel und Gretel* al Teatro Regio di Torino e ha debuttato ne *Il giro di vite* di Britten al XXIII Festival di Musica Contemporanea di Bolzano, dove nel 1995 ha cantato la Sinfonia n° 3 per soprano e orchestra di Gorecki. Per il "Verdianeum Festival" di Roncole di Busseto è stata Gilda nel *Rigoletto*.

She studied with the soprano C. Herrera, taking her diploma at the Conservatory of Matera. She then perfected her style with Renata Tebaldi and Elio Battaglia. She has taken part in theatre productions in collaboration with RAI, and has held recitals. Finalist in various national competitions, she won the "Festival Verdiano" competition, organized by the Teatro Regio of Parma, singing Verdi's Alzira *(Parma, Fidenza). She has performed* Hansel and Gretel *at the Teatro Regio of Turin, and made her debut in Britten's* The Turn of the Screw *at the XXIII Festival of Contemporary Music in Bolzano, where, in 1995, she sang Gorecki's Symphony No. 3 for soprano and orchestra. For the "Verdianeum Festival" in Roncole di Busseto, she was Gilda in* Rigoletto.

Linda Campanella

Nata a Savona, ha compiuto gli studi musicali diplomandosi in pianoforte e in canto, specializzandosi nel repertorio del soprano di coloratura. Ha seguito corsi di perfezionamento tenuti da Renata Scotto. Vincitrice di numerosi concorsi nazionali ed internazionali, fra cui il "Franz Schubert", è stata ospite di importanti rassegne musicali nelle principali città italiane ed è ospite di importanti istituzioni liriche e teatri.

Born in Savona, she completed her musical studies by obtaining her diploma in the piano and in singing, specializing in the "coloratura" repertoire for sopranos. She has attended courses of specialization held by the famous soprano Renata Scotto. Winner of numerous national and international competitions including the "Franz Schubert", she has been a guest at important musical reviews in the main Italian cities and at important lyrical institutions and theatres.

Gabriela Cegolea

Nata in Romania, ha iniziato a sei anni lo studio del violino e del pianoforte. In seguito è entrata all'Accademia Musicale Romena di Bucarest, proseguendo poi lo studio del canto al Conservatorio di Venezia e al Festival di Taormina, concludendo la preparazione alla Scuola dell'Opera di Stoccolma. Vince il primo premio al Concorso "Nilsson" e debutta all'Opera di Stoccolma. Tornata in Italia nel 1974, frequenta i corsi di perfezionamento del Teatro alla Scala. Vince intanto i Concorsi di Lonigo, Parma e Peschiera sul Garda, oltre al prestigioso "Bjoerling" di Stoccolma. Nel 1977 debutta in *Tosca* a Copenhagen, passando poi, con la stessa opera, a Oslo e Stoccolma. Seguono *Attila* in Svizzera e *Manon Lescaut* alla Fenice di Venezia. Per la stagione del bicentenario interpreta alla Scala di Milano la *Manon Lescaut* con Domingo. Canta in seguito a San Francisco, New York, Berlino, Stoccarda, Bordeaux, Monaco, Salisburgo, Las Palmas, Nizza, in Brasile, Olanda, Scozia, Australia, Corea del Sud e nei principali teatri italiani.

Born in Rumania, she began studying the violin and the piano at the age of six. Later she entered the Rumenian Musical Academy of Bucharest, then continued to study singing at the Venice Conservatory and the Festival of Taormina, completing her preparation at the Stockholm School of Opera. She won first prize at the "Nilsson" competition and made her debut at the Stockholm Opera. She returned to Italy in 1974 and attended courses of specialization at the Teatro alla Scala. In the meantime, she also won the Competitions in Lonigo, Parma and Peschiera sul Garda, as well as the renowned "J. Bjoerling" in Stockholm. In 1977 she made her debut in Tosca *in Copenhagen, then moving with the same opera to Oslo and Stockholm.* Attila *in Switzerland and* Manon Lescaut *at the Fenice in Venice soon followed. For the bicentenary season, she performed* Manon Lescaut *at the Milan Scala with P. Domingo. She then sang in San Francisco, New York, Berlin, Stuttgart, Bordeaux, Munich, Salzburg, Las Palmas, Nice, Brazil, Holland, Scotland, Australia, South Korea and in the most important Italian theatres.*

Indice del CD
Giuseppe Verdi
Arie per Soprano

Titolo	Opera	Soprano	Ascolto	Canto
Ernani! Ernani, involami	Ernani	A. Cifrone	1	9
Tacea la notte placida	Il Trovatore	A. Cifrone	2	10
Caro nome che il mio cor	Rigoletto	L. Campanella	3	11
Addio, del passato	La Traviata	G. Cegolea	4	12
D'amor sull'ali rosee	Il Trovatore	A. Cifrone	5	13
La Vergine degli Angeli	La forza del destino	A. Cifrone	6	14
Mercè, dilette amiche	I Vespri siciliani	A. Cifrone	7	15
Morrò, ma prima in grazia	Un ballo in maschera	A. Cifrone	8	16

Stampato da BAG Srl - MILANO
Stampato in Italia - Printed in Italy - 2001